# Metal rosicler

# CECÍLIA MEIRELES

# Metal rosicler

*Apresentação*
Marília Rothier Cardoso

*Coordenação Editorial*
André Seffrin

São Paulo
2014

© Condomínio dos Proprietários dos Direitos Intelectuais de Cecília Meireles
Direitos cedidos por Solombra - Agência Literária (solombra@solombra.org)

2ª Edição, Global Editora, São Paulo 2014

- Jefferson L. Alves
  Diretor Editorial
- Gustavo Henrique Tuna
  Editor Assistente
- André Seffrin
  Coordenação Editorial,
  Estabelecimento de Texto,
  Cronologia e Bibliografia
- Flávio Samuel
  Gerente de Produção
- Flavia Baggio
  Assistente Editorial
- Daniel G. Mendes
  Revisão
- Tathiana A. Inocêncio
  Capa
- Dryicons.com
  Imagem da Capa
- Evelyn Rodrigues do Prado
  Projeto Gráfico

A Global Editora agradece à Solombra - Agência Literária pela gentil cessão dos direitos de imagem de Cecília Meireles.

CIP BRASIL. Catalogação na publicação
Sindicato Nacional dos Editores de Livros, RJ

M453m
2. ed.

Meireles, Cecília, 1901-1964
    Metal rosicler / Cecília Meireles ; [coordenação André Seffrin]. – 2. ed. – São Paulo : Global, 2014.

ISBN 978-85-260-2060-3

1. Poesia brasileira. I. Título.

14-11373                                CDD: 869.91
                                        CDU: 821.134.3(81)-1

*Direitos Reservados*

**Global Editora e
Distribuidora Ltda.**

Rua Pirapitingui, 111 - Liberdade
CEP 01508-020 - São Paulo - SP
Tel.: (11) 3277-7999 - Fax: (11) 3277-8141
e-mail: global@globaleditora.com.br
www.globaleditora.com.br

Obra atualizada
conforme o
**Novo Acordo
Ortográfico da
Língua
Portuguesa**

*Colabore com a produção científica e cultural.
Proibida a reprodução total ou parcial desta obra
sem a autorização do editor.*

Nº de Catálogo: **3431**

Acervo pessoal de Cecília Meireles

# Sumário

Para uma aventura lírica –
*Marília Rothier Cardoso*..................................................14

1 ...............................................................................19
2 ...............................................................................21
3 ...............................................................................23
4 ...............................................................................25
5 ...............................................................................27
6 ...............................................................................29
7 ...............................................................................31
8 ...............................................................................33
9 ...............................................................................35
10 .............................................................................37
11 .............................................................................39
12 .............................................................................41
13 .............................................................................43
14 .............................................................................45
15 .............................................................................47
16 .............................................................................49
17 .............................................................................51
18 .............................................................................53
19 .............................................................................55
20 .............................................................................57
21 .............................................................................59
22 .............................................................................61
23 .............................................................................63
24 .............................................................................65
25 .............................................................................67
26 .............................................................................69
27 .............................................................................71

| | |
|---|---|
| 28 | 73 |
| 29 | 75 |
| 30 | 77 |
| 31 | 79 |
| 32 | 81 |
| 33 | 83 |
| 34 | 85 |
| 35 | 87 |
| 36 | 89 |
| 37 | 91 |
| 38 | 93 |
| 39 | 95 |
| 40 | 97 |
| 41 | 99 |
| 42 | 101 |
| 43 | 103 |
| 44 | 105 |
| 45 | 107 |
| 46 | 109 |
| 47 | 111 |
| 48 | 113 |
| 49 | 115 |
| 50 | 117 |
| 51 | 119 |
| [*Negra pedra, copiosa mina*] | 121 |
| | |
| Cronologia | 123 |
| Bibliografia básica sobre Cecília Meireles | 131 |
| Índice de primeiros versos | 141 |

# Para uma aventura lírica

A trajetória literária de Cecília Meireles correu paralelamente ao movimento modernista. Sem ignorar as reivindicações da vanguarda nem alinhar-se a elas, a artista participou ativamente da cena cultural entre as décadas de 1920 e 1960, pela prática regular do jornalismo, com a qual debateu questões decisivas para a sociedade em mudança, como a educação e a arte popular. Nesse espaço de iniciativas promissoras e opiniões apaixonadas, integrou o grupo de intelectuais empenhados na modernização da cultura brasileira, mas manteve a singularidade – de certa forma extemporânea – de sua poesia, avessa à aventura experimental. Querendo-se herdeira de um lirismo sem data definida, teve destaque na polifonia de sua época, justamente pelo propósito de tomar distância de quaisquer referências históricas. Sempre escolheu para sua matéria as figuras de linguagem que atravessaram séculos e continentes, inscritas nos livros ou insistentes nas falas. Guardando a nobreza sóbria do verso, manteve-se, a sua maneira, livre das exigências limitadoras do realismo engajado, tanto quanto da dicção quase hermética da inventividade radical. Se o comportamento previsível de sua escrita não chegou a desafiar os críticos, que se acomodaram nos limites dos comentários convencionais sobre os livros que publicava, em contrapartida, nunca intimidou o público. Há muito, crianças e adultos fizeram-se seus leitores esporádicos mas fiéis. Na trilha do professor Wilberth Salgueiro, que, no ano do centenário da poeta (2001), abriu a trilha para o resgate de outros perfis de Cecília (mal) disfarçados pela face segura a que acabamos por nos apegar, fica o convite para uma visita investigativa ao conjunto da obra, partindo deste livro de título intrigante: *Metal rosicler*.

Em 1960, em plena maturidade como artista e intelectual, Cecília Meireles publicou 51 poemas breves, sem título (apenas numerados), cuja epígrafe – indicadora da fonte onde fora buscar o título – lança, inesperadamente, um paradoxo. "Metal rosicler" é expressão do campo da economia extrativista; foi descoberta e escolhida em *Cultura e opulência do Brasil por suas drogas e minas*, obra do padre João Antonio Andreoni (conhecido como Antonil), tornada clássica por conter um arrazoado curioso e prático sobre as atividades exploratórias, agrícolas, pastoris e comerciais, do período colonial. Distante da retórica barroquizante de outros relatos equivalentes, o texto, editado em 1711, oferece um panorama objetivo, direto e detalhado das possibilidades econômicas da colônia. Pois é, justamente, daí, desse tratado utilitário, cuja atenção se volta para o valor de troca dos produtos da terra, que a perspicácia poética vai extrair e desdobrar uma série de imagens verbais (como diria Oswald de Andrade) reversíveis em riqueza estética.

Enquanto o registro geográfico-econômico de Antonil distribui-se, com precisão, pelas diversas regiões do território colonial, a apropriação lírica, por parte de Cecília Meireles, deixa indefinidos os limites espaço-temporais, deslocando-se livremente por extensões geográficas e cronológicas. Os saberes alquímicos ou de química rudimentar, de corografia ou astrologia, operados pelo padre naturalista, revertem-se na "alquimia do verbo", através dos quais a poeta combina percepções sensíveis e demandas do espírito, referências semânticas e impactos materiais de letras e sons, no traçado, rigorosamente fluido, do mundo fantástico da arte.

Para garantia dos resultados na atividade poética, tarefa de efeitos casuais e intempestivos, o livro intitulado *Metal rosicler*, aberto com a epígrafe do tratado jesuíta, encaminha-se (através de intermitências, interrupções, surtos, repetições, desvios, confrontos e paralelismos) para uma estrofe que, em pós-escrito ao último poema, retoma a descrição mineralógica, agora transformada em prata lírica – fragmento de saber que, da "lembrança" remota, faz surgir expectativas possíveis; converte "pó" em "sangue vivo". Depois da reelaboração requintada de um legado predominantemente simbolista, em *Viagem*, *Vaga música*, *Mar absoluto* e *Retrato natural*; da escrita que incorpora a oralidade épica e ritualística do popular, em *Baladas para El-Rei*, *A nau Catarineta* e *Romanceiro da Inconfidência*; mais o registro de aventuras de viagem, em *Pistoia* e *Poemas escritos na Índia*, Cecília volta a seus motivos preferidos – a busca de si como alguém estranho, a energia renovadora em face do esquecimento e da morte, o saber propiciado pela beleza. Seu empenho é agudizar a precisão sutil do trabalho com a linguagem. Em pleno domínio da competência em sensibilidade, ritmo e harmonia, dá conta de sua exploração das "drogas e minas" nesse país virtual da memória e imaginação.

Para que o leitor do século XXI sinta-se contemporâneo desta poesia, basta saber que está incluída na *Biblioteca de Gonçalo M. Tavares*, colecionador destacado das obras mais potentes da herança literária, que usa critérios insólitos mas perspicazes para atualizar sua escrita com as sobrevivências do passado. É assim que marca o espaço da autora de *Mar absoluto* em seu livro-catálogo: "Minha cara Cecília, certas lâmpadas de luz tranquila vestem melhor um dorso nu que um vestido de linho comprado nas lojas mais decentes da cidade". O humor que confronta a nudez com certa elegância decente, com certeza, perturba a imagem feminina utilizada pela crítica para descartar a densidade questionadora da obra poética e da ação política de Cecília Meireles. Foi com a "luz tranquila" de um lirismo rigorosamente alheio à exigência de representação do mundo que se construiu o estilo ceciliano. A plena nudez de significados verossímeis e lógicos garantiu a modernidade de sua dicção, muito mais próxima da música que da linhagem mimética da literatura. Escolhidas pela sonoridade, as palavras empregadas nos poemas evocam imagens vagas, cujo papel é conduzir a percepção de atmosferas e sintonizar todos os sentidos do corpo com as forças e movimentos produtores de tais cenários. Em *Metal rosicler* permanece a economia de livros anteriores, sustentada, com poucos desvios, pelo vocabulário correspondente às espécies da natureza (onde os humanos têm limitada precedência), registros distribuídos entre os polos da vida e da morte: "Pois a morte e a vida / têm o mesmo rosto, / transparente e vago."[1]

Tendo tomado, como ponto de partida, a identificação e o tratamento do mineral donde se extrai a prata, a escrita dos poemas persegue transformações. Não são estados definidos que interessam, mas travessias, processos em curso. O ritmo dos versos como que performa trajetórias e contaminações entre sólidos e líquidos, vigília e sonho, imagens gravadas na memória e captadas no instante. É a fluidez que domina as cenas apresentadas. A última estrofe do poema de abertura define esse sujeito lírico impessoal como o aventureiro que se expõe aos elementos e experimenta suas limitadas possibilidades: "E o meu caminho começa / nessa franja solitária, / no limite sem vestígio, / na translúcida muralha / que opõem o sonho vivido / e a vida apenas sonhada."[2]

Cada poema exibe um fragmento de cena nessa aventura do eu lírico, que não leva a nenhuma vitória decisiva; é antes uma perseguição de desejos sob ameaça constante de interrupção pela morte. Uma melancolia leve e tranquila

---

[1] MEIRELES, Cecília. 19. In: _____. *Metal rosicler*. São Paulo: Global Editora, 2014, p. 55.
[2] Idem. 1. Ibidem, p. 19.

permeia essa busca quase tocando a fronteira do humor negro. O confronto com o impasse não se revela patético, ao contrário, é enfrentado com o requinte da resistência frágil mas obstinada. "Não fiz o que mais queria. / Nem há tempo de cantar. // [...] Chorava belos desertos / felizes de pensamento. / Mas a alma é de asas velozes / e o mundo é lento."[3] Não se propõem objetivos, nem se indicam causas do fracasso. As relações que articulam a escrita poética de Cecília Meireles são da ordem dos ritmos, mais velozes ou mais lentos, e o que aí se inscreve são descompassos – o corpo dos animais não se adapta ao movimento das águas; a duração das coisas jamais coincide com o tempo dos viventes. Para o sujeito dessa caminhada incerta, que é também o artista que grava seus passos, o que insiste é a perplexidade: "Naveguei tormentas pelos quatro lados. / Não as amansei! / Ó grinaldas, flores, pássaros pintados, / como dormirei?"[4]

Se concluímos, hoje, que a lírica sobrevive porque usa o código verbal menos para indicar significados e mais para garantir a atenção do leitor com efeitos sonoros e plásticos – como se o conduzisse pelos labirintos de uma instalação virtual –, fica justificado o relançamento da poesia de Cecília Meireles. O impacto de *Metal rosicler* pode ser tão excitante quanto a descoberta das minas e o processo produtor da prata. A leitura das páginas conjuga imaginação, memória e raciocínio, além de envolver percepções de todos os sentidos. Diante das páginas do livro, a passividade é impossível, acaba-se investindo o corpo inteiro, deixando-se afetar pelo ritmo, que se modifica de um poema para outro. A atmosfera onírica se configura em transformações extemporâneas num espaço irreal cujos limites desafiam a aventura, o modo de temer e enfrentar a morte. Daí a dis-

---
[3] Idem. 4. Ibidem, p. 25.
[4] Idem. 10. Ibidem, p. 37.

posição melancólica, marcando os impasses cotidianos, confundir-se com o impulso vital. Numa insistência sutil mas irrefreável, o desejo negado desenha imagens convencionais em trajetórias fantásticas; e são estas que apontam "para uns acasos de esperança."[5]

Marília Rothier Cardoso

---

[5] Idem. [*Negra pedra, copiosa mina*]. Ibidem, p. 121.

Metal rosicler

Metal rocicler he uma pedra negra, como metal negrilho, melhor d'arêa, como pó escuro sem resplandor: e se conhece ser rocicler, em que lançando agua sobre a pedra, se lhe dá com huma faca, ou chave, como quem a móe, e faz hum modo de barro, como ensanguentado; e quanto mais corado o barro, tanto melhor he o rocicler...
... dá em caixa de barro como lama, e pedrinhas de todas as cores.

    Antonil, *Cultura e opulência do Brasil*

# 1

Não perguntavam por mim,
mas deram por minha falta.
Na trama da minha ausência,
inventaram tela falsa.

Como eu andava tão longe,
numa aventura tão larga,
entregue à metamorfose
do tempo fluido das águas;
como descera sozinho
os degraus da espuma clara,
e o meu corpo era silêncio
e era mistério minha alma,
– cantou-se a fábula incerta,
segundo a linguagem da harpa:
mas a música é uma selva
de sal e areia na praia,
um arabesco de cinza
que ao vento do mar se apaga.

E o meu caminho começa
nessa franja solitária,
no limite sem vestígio,
na translúcida muralha
que opõem o sonho vivido
e a vida apenas sonhada.

## 2

Uns passeiam descansados
entre roseiras e murtas;
outros estendem os braços
para límpidas figuras;
alguns a espelhos dirigem
suas pequenas perguntas;
e muitos dormem felizes
e o sono é a sua aventura;
e há pastores de desejos
e domadores de culpas.

Mas os que vêm perseguindo
bandos de mistério em fuga,
mas os que tanto desdenham,
por essa estranha captura,
– já sem vida, sem linhagem,
sem amor e sem fortuna,
sem mundo humano que os prenda
nem pálpebra em que se encubram,
esses, que excedem a terra,
no mar complexo mergulham,
– não por exaustos e inábeis,
mas por disciplina e luta,
não por vanglória festiva,
mas por enfrentar medusas,
fugir à fosforescência,
e, acordados na onda obscura,
entre imagens provisórias
estender mãos absolutas.

# 3

O gosto da vida equórea
é o da lágrima na boca:
porém a profundidade
é o pranto da vida toda!
Justa armadura salgada,
pungente e dura redoma
que não livra dos perigos
mas reúne na mesma onda
os monstros no seu império
e o amargo herói que os defronta.
Sob a lisa superfície,
que vasta luta revolta!
Cada face que aparece
logo se transforma noutra.

Palavra nenhuma existe.
Horizonte não se encontra.
Deus paira acima das águas,
e o jogo é todo de sombras.
Nas claras praias alegres,
é a espuma do mar que assoma:
combate, vitória, enigma
jamais se movem à tona.
O herói sozinho se mede
e a memória é a sua força.
E quando vence o perigo,
na vitória não repousa:
a disciplina é o sentido
da luta que o aperfeiçoa.

Deixa a medusa perfeita
em sua acúlea coroa.
E a pérola imóvel deixa
na sorte da intacta concha.

## 4

Não fiz o que mais queria.
Nem há tempo de cantar.
Basta que fiquem suspiros
na boca do mar.

Basta que lágrimas fiquem
nos olhos do vento.
Não fiz o que mais queria
e assim me lamento.

E a minha pena é tão minha,
quem a pode consolar?
Chorava caminhos claros
noutro lugar.

Chorava belos desertos
felizes de pensamento.
Mas a alma é de asas velozes
e o mundo é lento.

# 5

Estudo a morte, agora,
– que a vida não se vive,
pois é simples declive
para uma única hora.

E nascemos! E fomos
tristes crianças e adultos
ignorantes e cultos,
de incoerentes assomos.

E em mistério transidos,
e em segredo profundo,
voltamos deste mundo
como recém-nascidos.

Que um sinal nos acolha
nesses sítios extremos,
pois vamos como viemos,
sem ser por nossa escolha;

e quem nos traz e leva
sabe por que é preciso
do Inferno ao Paraíso
andar de treva em treva...

# 6

Parecia bela:
era apenas triste.
Quem no mundo existe
que se lembre dela?

De lábio tão suave,
de modos de criança
e desesperança
que não se descreve.

Tudo nesta vida
lhe era tão deserto
que só viu de perto
morte e despedida.

Hoje, acaso mira
antigos retratos...
(Oh, do sonho aos atos...)
Recorda e suspira.

# 7

Ai, senhor, os cavalos são outros,
e o coche não pode rodar.
Nem já se encontra quem o conduza,
quem se assente neste lugar.
Mas também os caminhos agora
não se sabe aonde é que vão dar.
Não há jardins de belos passeios,
e acabou-se o tempo do luar.
Nem chegarão novos passageiros
para este coche secular:
nem solitários nem sonhadores
nem qualquer encantado par...

Hoje isto é um coche só de fantasmas,
sombra de véus e plumas no ar...

(Quem chega aqui morre de riso!
Mas eu, senhor, morro de pesar...)

# 8

À beira d'água moro,
à beira d'água,
da água que choro.

Em verdes mares olho,
em verdes mares,
flor que desfolho.

Tudo o que sonho posso,
tudo o que sonho.
E me alvoroço.

Que a flor nas águas solto,
e em flor me perco
mas em saudade volto.

# 9

Falou-me o afinador de pianos, esse
que mansamente escuta cada nota
e olha para os bemóis e sustenidos
ouvindo e vendo coisa mais remota.
E estão livres de engano os seus ouvidos
e suas mãos que em cada acorde acordam
os sons felizes de viverem juntos.

"Meu interesse é de desinteresse:
pois música e instrumento não confundo,
que afinador apenas sou, do piano,
a letra da linguagem desse mundo
que me eleva a conviva sobre-humano.
Oh! que Física nova nesse plano
para outro ouvido, sobre outros assuntos..."

# 10

Em colcha florida
me deitei.
Pássaros pintados
escutei.
Grinaldas nos ares
contemplei.

Da morte e da vida
me lembrei.
Dias acabados
lamentei.

(Flores singulares
não bordei.
A canção trazida
não cantei.

Naveguei tormentas pelos quatro lados.
Não as amansei!
Ó grinaldas, flores, pássaros pintados,
como dormirei?)

# 11

Chuva fina,
matutina,
manselinho orvalho quase:
névoa tênue sobre a selva,
pela relva,
desdobrada, etérea gaze.

Chuva fina,
matutina,
o pardal de úmidas penas,
a folhagem e a formosa
clara rosa,
sonham que és seu sonho, apenas.

Chuva fina,
matutina,
pelo sol evaporada,
como sonho pressentida
e esquecida
no clarão da madrugada.

Chuva fina,
matutina:
brilham flores, brilham asas
brilham as telhas das casas
em tuas águas velidas
e em teu silêncio brunidas...

Chuva fina,
matutina,

que te foste a outras paragens.
Invisível peregrina,
clara operária divina,
entre límpidas viagens.

# 12

Quem me quiser maltratar,
maltrate-me agora,
pois é tarde, e cansado
de trabalhos e penas,
quem se defende a esta hora?

Quem me quiser renegar,
renegue-me agora,
porque o meu sono é tão grande
que tudo aceito, – nem sinto
se alguém se for embora.

Quem me quiser esquecer,
esqueça-me agora:
que eu não lamento nem sofro,
tonta do dia excessivo.
Tão sem força, quem chora?

(Noite imóvel, noite escura,
forrada de sedas suaves,
pequeno mundo sem chaves,
quase como a sepultura.)

## 13

Levam-me estes sonhos por estranhas landas,
charnecas, desertos, planaltos de neve
muito desolados.

Pessoas que adoro mostram-me outros rostos
que eu desejaria que nunca tivessem
nem mesmo sonhados.

E fico tão triste nestes longos sonhos
e não ouso... E assisto a esta decadência
por todos os lados.

Venho destes sonhos como de outras eras.
Neles embranquecem meus cabelos, ficam
meus lábios parados.

E mais tarde encontro meus sonhos na vida,
somente esses sonhos, somente esses sonhos
todos realizados.

# 14

Oh, quanto me pesa
este coração, que é de pedra.
Este coração que era de asas,
de música e tempo de lágrimas.

Mas agora é sílex e quebra
qualquer dura ponta de seta.

Oh, como não me alegra
ter este coração de pedra.

Dizei, por que assim me fizestes,
vós todos a quem amaria,
mas não amarei, pois sois estes
que assim me deixastes amarga,
sem asas, sem música e lágrimas,

assombrada, triste e severa
e com meu coração de pedra.

Oh, quanto me pesa
ver meu puro amor que se quebra!
Amor que era tão forte e voava
mais que qualquer seta!

# 15

Pelos vales de teus olhos
de claras águas antigas
meus sonhos passando vão.

Chego de tempos remotos
com rebanhos de cantigas
felizes de solidão.

Céus de estrelas vêm descendo
– perdi meu nome e a lembrança,
datas de vida e de amor.

Reduzo-me a pensamento,
livre de toda esperança,
isento de qualquer dor.

Pelos vales de teus olhos,
o que fomos e seremos
não precisa explicação.

Passamos, vivos e mortos,
sozinhos, nesses extremos.
Companhias – o que são?

Aguardo apenas a estrela
na ponta do meu cajado:
a pura estrela polar.

Será meia-noite certa:
e o futuro já passado
nos vales do teu olhar.

## 16

Sono sobre a chuva
que, entre o céu e a terra,
tece a noite fina.

Tece-a com desenhos
de amigos que falam,
de ruas que voam,
de amor que se inclina,

de livros que se abrem,
de face incompleta
que, inerme, deplora
com palavras mudas
e não raciocina...

Sobre a chuva, o sono:
tão leve, que mira
todas as imagens
e ouve, ao mesmo tempo,
longa, paralela,
a canção divina

dos fios imensos
que, nos teares de água,
entre o céu e a terra,
o tempo separa
e a noite combina.

# 17

Espera-se o anestesiado
sem se saber por onde anda.
Nas asas do éter levado,
mira que oscilante prado?
e de que abstrata varanda?

Dimensões e densidades
Desfazem-se-lhe no sono.
Ai, que estranhas liberdades,
prisioneiro que te evades
mas que sabes que tens dono!

E provisório navegas
em teu limite de bruma,
onde giram coisas cegas
e onde em sobressalto negas
que sejas coisa nenhuma.

De um lado, a vida te espera;
do outro, não se entende a morte.
E, em metades de anjo e fera,
galopa a fluida Quimera:
tua – mas alheia – sorte...

# 18

Pois o enfermo é triste e doce
mais do que um recém-nascido.
E chega como se fosse
da volta de ter partido.

E chega de olhos fechados,
envolto nos cristalinos
céus de sonho debuxados
na memória dos meninos.

E é tão pálido o seu rosto
e sua ausência tão bela
como, entre os ventos de agosto,
a rosa branca e amarela.

# 19

Asas tênues do éter
sobem mil andares.
Entre os dedos densos
procura-se o corpo
do invisível pássaro:
calhandra? andorinha?
só se sentem asas.
Pois a morte e a vida
têm o mesmo rosto,
transparente e vago.

Noite e dia sobem,
noite e dia descem
asas tênues do éter.
Silenciosas voam,
frias, frias, frias,
entre o vidro e o níquel,
entre o céu e a terra,
lírio cristalino
com pólen de menta,
de menta, de cânfora
e de outras essências.

Entre lábios brancos,
menos que um suspiro,
que um nome, que um beijo
dissolvido em sono.

Sobe além das nuvens.
Até que planaltos?

Até que planetas?
traçando aros leves,
ondas sucessivas...
diamante caído
em lagos de neve,
áfonos, coalhados
nos vales da morte,
longe, longe, longe...

## 20

Tristes
essas mãos na areia
levantando dunas.

Sonho solitário,
vãs arquiteturas:
sopre simples brisa,
deslizem espumas,
morrem os zimbórios
do império das dunas
e os vultos amados
nas suas colunas.

Tristes
essas mãos na areia
trabalhando obscuras.

Voltam ao princípio
em sonhos e lutas,
contra os altos ventos
e as tênues espumas.
E estes grãos tão finos
– sílex e fagulhas! –
que queimam os olhos!
E as lágrimas duras
que jamais enxugam
nem os ventos altos
nem tênues espumas...

Tristes
essas mãos na areia
levantando dunas.

Moram longe aqueles
das felizes ruas:
não sabem que estradas
longas e soturnas
conduzem às praias
do mar, inseguras.
Não sabem de ventos,
não sabem de espumas,
dos curvos zimbórios,
das lentas colunas,
das mãos soterradas
nestas esculturas...

# 21

Vão-se acabar os cavalos!
bradai no campo.
Possantes máquinas de aço
já estão chegando!
Adeus, crinas, adeus, fogo
das ferraduras!
Adeus, galope das noites,
curvas garupas...
Já não falo de romances
nem de batalhas:
falo do campo florido,
das águas claras,
da vida que andava ao lado
da nossa vida,
dessa misteriosa forma
que nos seguia
de tão longe, de tão longe,
de que tempos!
desse nosso irmão antigo
de sofrimentos.

Vão-se acabar os cavalos!
bradai no mundo.
Rodas, molas, mecanismos
nos levam tudo.
Falo do olhar que se erguia
para a nossa alma.
Do amor daquilo que vive
e serve e passa.

Vão-se acabar os cavalos!
Bradai aos ecos,
ao sol, ao vento, a Deus triste,
aos homens cegos.

## 22

*A um poeta morto*

Um pranto existe, delicado,
que recorda amoravelmente
o infindável adolescente
que um dia esteve ao nosso lado
– e para sempre foi presente,
por seu rosto de desterrado,
seu sofrimento sossegado
e, por discreto, mais pungente.

Um pranto existe, que não chora,
por mais que seja aflito e estreme,
unicamente porque teme
ferir-lhe a sombra, livre agora,
que noutras solidões procura
sua divina arquitetura.

(Que pranto existe, delicado,
ou que lamento de ternura
que lhe não dê nenhum cuidado?)

# 23

Chovem duas chuvas:
de água e de jasmins
por estes jardins
de flores e nuvens.

Sobem dois perfumes
por estes jardins:
de terra e jasmins,
de flores e chuvas.

E os jasmins são chuvas
e as chuvas, jasmins,
por estes jardins
de perfume e nuvens.

## 24

Uma pessoa adormece:
ramo de vida sozinho
na pedra escura da noite
pousado.

E em sua cabeça a flor
dos sonhos já se arredonda,
com muitas seivas trazidas
do caos.

Uma leve brisa apenas
anima esse ramo calmo
e os lábios desse perfume
exausto.

Ah... se essa brisa parasse!
que sonhariam os sonhos
do frágil ramo, na vida
pousado?

## 25

Com sua agulha sonora
borda o pássaro o cipreste:
rosa ruiva da aurora,
folha celeste.

E com tesoura sonora
termina o bordado aéreo.
Silêncio. E agora
parte para o mistério.

A ruiva rosa sonora
com sua folha celeste
imperecível mora
no cipreste.

## 26

Mais louvareis a rosa, se prestardes
ouvido à fala com que nos descreve
a razão de ser bela em manhã breve
para a derrota de todas as tardes.

Sabereis que ela mesma não se atreve
a fazer de seus dons grandes alardes,
pois o vasto esplendor de seu veludo
e as joias de seu múltiplo diadema
não lhe pertencem: a razão suprema
de assim brilhar formosamente em tudo

é prolongar na vida o sonho mudo
da roseira – de que é fortuito emblema.

# 27

Nas quatro esquinas estava a morte,
que brincava de quatro cantos.

Nas quatro esquinas estavam postados
poetas, soldados, feras e santos.

Nas quatro esquinas se via a morte
chamar o amor com longos prantos.

Nas quatro esquinas, versos antigos,
liras finais
e negros mantos.

E mulheres feias e belas
oraculares davam sinais
pelas janelas.

E das liras amarguradas
caíam rosas, rolavam ais
pelas calçadas.

Nas quatro esquinas estava a morte,
por entre luzes amarelas,
brincando de quatro cantos.

Morte sem corações parados.
Morte de mocidade e fados.
Morte de infâncias. E largos ventos
de universais arrependimentos.

Morte de claros dias de outrora.
Morte que canta porque chora.

Morte, morte por todos os lados:
santos, feras, poetas, soldados...

Sonhos, liras, amores, prantos,
tudo obscuro, anônimo, efêmero, amargo:
sombras, noite, mantos,
e a vida longe: no céu altivo, no mar largo.

# 28

Sob os verdes trevos que a tarde
rocia com o mais leve aljofre,
tonta, a borboleta procura
uma posição para a morte.

Oh! de que morre? Por que morre?
De nada. Termina. Esvaece.
Retorna a outras mobilidades,
recompõe-se em íris celestes.

Nos verdes trevos pousa, cega,
à procura de um brando leito.
Altos homens... Árvores altas...
Igrejas... Nuvens... Pensamento...

Não... Tudo extremamente longe!
O mundo não diz nada à vida
que sozinha oscila nos trevos,
embalando a própria agonia.

Que diáfana seda, que sonho,
que aérea túnica tão fina,
que invisível desenho esparso
de outro casulo agora fia?

Secreto momento inviolado
que ao tempo, sem queixa, devolve
as asas tênues, tão pesadas
no rarefeito céu da morte!

Sob os verdes trevos que a noite
no chão silenciosos dissipa,
jaz a frágil carta sem dono:
– escrita? lida? – Restituída.

# 29

A bailarina era tão grande
como uma árvore caminhante;
e seus braços longos e brancos
tão fugitivos e flutuantes
como as nuvens filhas dos campos.

O giro da sua cintura
– rápida e fina como um fuso –
era de firmeza profunda
e fragilidade tão pura
como as do próprio eixo do mundo.

Oh! – o desdobramento amplo e calmo
de seus joelhos! O círculo alto
que o tênue pé determinava!
Limite da fluidez humana...
Límpido e implacável compasso...

Voava! – e logo se desfazia,
num gesto de albatroz rendido.
E de novo aos ares a vida
arriscava, impotente e linda,
algemada ao peso inimigo.

E tão divinamente exata
vinha à terra e aos céus se elevava
que era tão grave o instante alado
como o da derrota no espaço,
– mas ambos igualmente plácidos.

Ó bailarina, ó bailarina,
deusa da estrita geometria!
ó compasso, ó balanço, ó fio
de prumo, ó secreto algarismo,
primeiro e eterno número ímpar!

Alça o teu voo além da queda,
rompe os elos de espaço e tempo,
galga as obrigações da terra,
atira-te em música, ó seta,
e restitui-te em pensamento!

## 30

No alto da montanha já quase chuvosa
o velhinho passa
metade entre as nuvens, metade entre as ervas
com um ramo verde nas mãos gastas.

Que pensa, que sente, que faz, que destino
é o seu, nesta altura,
cercado de rochas, calado e sozinho,
cercado de nuvens?

E o ramo que leva, tão verde, na tarde
cinzenta e pesada,
a que primaveras irá conduzindo
seu corpo ou sua alma?

Para muito longe, muito longe, passa.
Monte sobre monte,
vai-se andando sempre, sempre há um ramo verde,
e depois um largo horizonte.

# 31

Como os senhores já morreram
e não podem mais batalhar,
as armaduras, com saudade,
sentaram-se para jogar.

No tabuleiro estão cavalos,
torres, soldados, rei... A mão
de ferro quase alcança o jogo:
só lhe falta a articulação.

Ó breve planície quadrada
do tabuleiro de xadrez!
Viseiras saudosas de sangue,
de guerras que o tempo desfez.

Ó fantasmas insatisfeitos
de senhores que não são mais!
Tão sinistro é o gosto da morte
que, já sem guerras, batalhais!

## 32

Parecia que ia morrendo
sufocada.
Mas logo de seu peito vinha
uma trêmula cascata,
que aumentava, que aumentava
com borboletas de espuma
e fogo e prata.

Parecia que ia morrendo
de loucura.
Mas logo rápida movia
não sei que vaga porta escura
e, mais tênue que o sol e a lua,
passava entre fitas e rosas
sua figura.

Parecia que ia morrendo
em segredo.
Mas uma rumorosa vida
rugia mais que oceano ou vento
nas suas mãos em movimento.
Agarrava o tempo e o destino
com um ágil dedo.

Parecia que ia morrendo
e revivia.
E girava saias imensas,
maiores do que a noite e o dia.
Rouca, delirante, aguerrida,
pisando a morte e os maus agouros,
"olé!" – dizia.

## 33

Na almofada de borlas,
suave fronte, cingida
por nítida coroa.
O silêncio do tempo
seu rosto sobrevoa.

A madeixa caída
e as pregas de seu manto
não sofrem nenhum vento.
Nem este liso peito
sabe de movimento.

Com pupilas de pedra
fita o incansável livro
que a fria mão suporta.
Esta é a desconhecida,
bela Princesa morta.

E o cãozinho que a mira,
escravo para sempre,
enrolado aos pés dela,
sem vida olha a sem vida
e mesmo assim a vela.

Não é triste estar morta
e ser desconhecida,
quando o silêncio enorme
parece o único sonho
da figura que dorme.

Mas a face escondida
no sarcófago, em cinza,
sabe que teve um nome.
Gastou-lhe o tempo as letras
e o resto Deus consome.

Mais longe do que a cinza,
quem sabe se duvida
entre o que era e o que resta?
Que pensa a antiga sombra
da permanência desta?

# 34

Assim n'água entraste
e adormeceste,
suicida cristalina.

Todos os mortos vivem dentro de uma lágrima:
tu, porém, num tanque límpido,
sob glicínias,
num claro vale.

Não vês raízes nem alicerces,
como os outros mortos:
mas o sol e a lua,
Vésper, a rosa e o rouxinol,
nos seis espelhos que te fecham por todos os lados.

Pode ser que também Deus se aviste,
nessa imóvel transparência.
E pode ser que Deus aviste teu coração,
e saiba por que desceste
esses degraus de cristal que iam para tão longe.

Ah!
é o que rogamos para sempre,
diante da tua redoma
onde dormes sozinha com os teus longos vestidos,
diante da tua transparente,
fria, líquida barca.

# 35

Embora chames burguesa,
ó poeta moderno, à rosa,
não lhe tiras a beleza.

A tua sanha imprevista
contra a vítima formosa,
é um mero ponto de vista.

Pode a sanha ser moderna,
pode ser louvada, a glosa:
mas sendo a Beleza eterna,

que vos julgue o Tempo sábio:
entre os espinhos, a rosa,
entre as palavras, teu lábio.

# 36

Não temos bens, não temos terra
e não vemos nenhum parente.
Os amigos já estão na morte
e o resto é incerto e indiferente.
Entre vozes contraditórias,
chama-se Deus onipotente:
Deus respondia, no passado,
mas não responde, no presente.
Por que esperança ou que cegueira
damos um passo para a frente?
Desarmados de corpo e de alma,
vivendo do que a dor consente,
sonhamos falar – não falamos;
sonhamos sentir – ninguém sente;
sonhamos viver – mas o mundo
desaba inopinadamente.

E marchamos sobre o horizonte:
cinzas no oriente e no ocidente;
e nem chegada nem retorno
para a imensa turba inconsciente.
A vida apenas à nossa alma
brada este aviso imenso e urgente?

Sonhamos ser. Mas ai, quem somos,
entre esta alucinada gente?

# 37

Os anjos vêm abrir os portões da alta noite,
justamente quando o sono é mais profundo
e o silêncio mais amplo.
Rodam as portas e suspiramos subitamente.

Chegam os anjos com suas músicas douradas,
a túnica cheia de aragens celestes
e cantam na sua fluida linguagem ininteligível.

Então as árvores aparecem com flores e frutos,
a lua e o sol entrelaçam seus raios
o arco-íris solta suas fitas
e todos os animais estão presentes,
misturados às estrelas,
com suas cores, expressões e índoles.

Vêm os anjos abrir os portões da alta noite.

E compreendemos que não há mais tempo,
que esta é a última visão,
e que as nossas mãos se levantam para os adeuses,
e os nossos pés se desprendem da terra,
para o voo anunciado e sonhado
desde o princípio dos nascimentos.

Os anjos nos estendem seus convites divinos.
E sonhamos que já não sonhamos.

# 38

Não sobre peito ou companhia humana:
sobre papéis chorava.
A pobre lágrima comprimida muito longe
perguntava admirada
se podia correr, se estava solta agora,
e com angústia se concentrava
– amiga lágrima, grito mudo dos tristes! –
e acorria desesperada,
tão pequena, meu Deus, para tão grande tormento,
que se pensava:
como é possível sofrer sem queixa nem desafogo!
Que dor tão bem guardada!
E tinha-se pena de deixar a lágrima livre
e de deixá-la escrava.
Nem se sabia se era melhor sofrer, consolar-se,
nem se compreendia mais nada.

Sobre papéis escritos, sobre papéis impressos,
uma única lágrima se evaporava.
Era uma solidão muito solene, a vida,
fora do mundo, calada.

Os algozes jogavam dados na mesa do tempo.
Quem sabe o que apostavam?

# 39

Mirávamos a jovem lagartixa transparente,
rósea, gelatinosa, a palpitar no vidro
como um broche de quartzo repentino.

E não havia coisa obscura no seu peito:
apenas luz, apenas – traspassando a tênue carne
de opalas tenras, quase líquidas, tão frias...

Pois agora está morta, entre as folhas, e seca
e opaca. E não são já, na verdade, os seus olhos,
de negra pérola. É uma torcida cinza triste.

E um silêncio tão grande! Ah, maior que o seu corpo
e que a sua existência! Universal, humano, imenso...
Morto silêncio de uma vida de silêncio...

# 40

Eis o pastor pequenino,
muito menor que o rebanho,
a mirar, tímido e atento,
o crepúsculo no campo,
a abraçar-se ao cordeirinho
como a irmão do seu tamanho.

Seus olhos são, no silêncio,
mais que de pastor – de santo.

O horizonte azul e verde
vai sendo roxo e amaranto,
e as nuvens todas se acabam,
e uma estrela vai chegando,
– para levar o menino
que vai levando o rebanho.

## 41

Cada palavra uma folha
no lugar certo.

Uma flor de vez em quando
no ramo aberto.

Um pássaro parecia
pousado e perto.

Mas não: que ia e vinha o verso
pelo universo.

# 42

Apenas uma sandália
medieval.

O que ainda resta das danças,
dos torneios e cantigas,
de esperanças,
das amigas e inimigas
de um vago dia feudal.

Tão pequena para o peso
de qualquer vida calçada
que, embora não seja nada,
foi amor? desprezo?
ficou sobrenatural.

Sob a orla de que vestidos?
Em que duros pavimentos?
Que corações feridos?
Por entre que pensamentos,
a pisar o Bem e o Mal?

No breve tempo do mundo,
tênue pé de tênue dona
esta sandália abandona
como um pequeno sinal.

É só metade do passo
no espaço.
Jaz a outra em limiar profundo?

Apenas uma sandália
medieval.

# 43

Ficava o cavalo branco
de fluida crina dourada
mirando na água do tanque
as rosas da madrugada.

Ao ver o jardim celeste
refletido na onda fria,
apenas curvava a testa,
– que de beber se esquecia.

## 44

Houve um poema,
entre a alma e o universo.
Não há mais.
Bebeu-o a noite, com seus lábios silenciosos.
Com seus olhos estrelados de muitos sonhos.

Houve um poema:
parecia perfeito.
Cada palavra em seu lugar,
como as pétalas nas flores
e as tintas no arco-íris.
No centro, mensagem doce
e intransmitida jamais.

Houve um poema:
e era em mim que surgia, vagaroso.
Já não me lembro, e ainda me lembro.
As névoas da madrugada envolvem sua memória.
É uma tênue cinza.
O coral do horizonte é um rastro de sua cor.
Derradeiro passo.

Houve um poema.
Há esta saudade.
Esta lágrima e este orvalho – simultâneos –
que caem dos olhos e do céu.

## 45

Se um pássaro cantar dentro da noite
extraviado,
pensa com ternura nessa vida aérea,
sem alfabeto nem calendário,
tão pura, tão pura,
entre flores e estrelas,
sem data de nascimento,
sem nítida família,
e sem noção de morte.

Como os meninos que as mães deixaram,
abandonados
longe, na calçada dos séculos,
à porta de um pai improvável
e que choraram sem socorro.

## 46

Em seda tão delida,
em laços tão sem cor,
esteve a nossa vida
pelo tempo do amor.

E eis o espelho tão baço,
e o ar sem repercussão,
para a chegada e o abraço
e a voz do coração.

Eis a fechada porta.
Quem podia supor!
– mesmo a saudade é morta,
quase, quase sem dor.

Rios de serenata
para o mar levarão
o que morre, o que mata
e o que é recordação.

# 47

Cai a voz do Arcanjo.

(Do alto das torres coloridas,
por entre flechas e vitrais;
do alto dos minaretes; do alto
de agulhas góticas; de cima
de curvos zimbórios; do fino
crescente dourado; dos amplos
campanários barrocos; destes
frios triângulos jesuíticos;
dos braços das cruzes; das nuvens,
das árvores, do jorro d'água,
da asa dos pombos, da pequena
corola da anêmona frágil...)

Cai a voz do Arcanjo invisível.
Saudosa.
Solitária.

(Dize-me se algum dia a escutaste,
assim: longínqua, secular, plangente.)

# 48

Cinza pisamos, cinza.
Retratos conhecidos.
Vozes que ainda trazemos nos ouvidos.

Cinza pisamos.
Nem as areias são indiferentes.
Restos de amigos e parentes.

Cinza.
Parados desejos incompletos:
interrompidos projetos.
Cinza pisamos.

Cidades, dizem. Cidades!
Nomes. Vultos. Idades.
Cinza.

Temerosos de peso e vento,
quase apenas esquivo pensamento,
cinza pisamos. Cinza. Cinza.

# 49

Esperávamos pelo menino
na ventania.
De que lado do céu, de que lado do Tempo
chegaria?
Seu pequeno corpo visível já era,
mas que alma trazia?
E o vento soprava. Jardins e telhados
o vento varria.
Passavam as folhas, entre o mar e as nuvens,
no aéreo dia.
Esperávamos pelo menino.
Ele era a anêmona da alegria:
e o vento que vinha de tão, de tão longe,
era a secreta escadaria
por onde – sozinho? medroso? triste? –
caladamente passaria.

De fora da Vida, que é como da Morte,
por que motivo renascia?

Esperávamos pelo menino
que era a anêmona da alegria,
mas em nosso riso e em nossa esperança
havia lágrimas, havia.
Talvez o menino chegasse cansado,
com suas leis de melancolia.
E o vento era o seu caminho deserto,
ó ponte flutuante e sombria!

Que se podia dar ao menino?
Que se podia? Que se devia?
Depois desse trajeto tão longo,
– que existe na terra vazia
para um menino que chega, que chega
vencendo abismos de ventania?

# 50

Ao longe, amantes infelizes
despedem-se de um vago tempo
que já se fez aéreo e morto
mas ainda pesa em suas veias,
em sua consumida boca,
em suas cavadas olheiras.

Soltam-se da infelicidade
com vagarosos movimentos,
acostumados às cadeias.

Há beijos de morte em seus dentes,
abraços no esqueleto ocultos,
lágrimas dentro das caveiras.

E o vinho doura os altos copos
e as alcachofras se desfolham
no sonambulismo das ceias.

E a dança desliza nas salas
como as sombras pelas paredes,
verdadeiras e inverdadeiras.

É tão tarde! tão sem remédio!
Incompreensível e inadiável,
romper as largas, finas teias
onde se amavam, tão sinceros
(oh! para sempre... sempre... sempre!),
companheiros e companheiras...

# 51

Trazei-me pinhos e trigos
e as oliveiras de prata,
que os meus olhos não têm nada.
E eram tão ricos!

Dai-me floresta e colina,
oráculo e cítara e harpa.
Tecei-me a coroa sacra
que perdi. Restituí-ma!

Dai-me um barco, dai-me um barco
de colo de cisne,
que pelas águas quero ir-me
do mar largo.

A história da minha vida
quem a esconde
em terras de muito longe,
numa pedra escrita?

Pelas névoas da lonjura
vou buscar-me.
Deve estar em qualquer parte
a voz que minha alma escuta.

A voz que lhe está dizendo:
"Vem comigo,
que eu te levo a um paraíso
onde há uma árvore de Vento,

e as estrelas vão passando
nas águas que vão correndo".

*Negra pedra, copiosa mina*
*do pó que imita a vida e a morte;*
*– e o metal rosicler descansa.*

*Na noite densa em que se inclina,*
*por faca ou chave que abra ou corte,*
*estremece em tênue lembrança.*

*Pois um sangue vivo aglutina*
*dados coloridos da sorte,*
*para uns acasos de esperança.*

# Cronologia

**1901**
A 7 de novembro, nasce Cecília Benevides de Carvalho Meirelles, no Rio de Janeiro. Seus pais, Carlos Alberto de Carvalho Meirelles (falecido três meses antes do nascimento da filha) e Mathilde Benevides. Dos quatro filhos do casal, apenas Cecília sobrevive.

**1904**
Com a morte da mãe, passa a ser criada pela avó materna, Jacintha Garcia Benevides.

**1910**
Conclui com distinção o curso primário na Escola Estácio de Sá.

**1912**
Conclui com distinção o curso médio na Escola Estácio de Sá, premiada com medalha de ouro recebida no ano seguinte das mãos de Olavo Bilac, então inspetor escolar do Distrito Federal.

**1917**
Formada pela Escola Normal (Instituto de Educação), começa a exercer o magistério primário em escolas oficiais do Distrito. Estuda línguas e em seguida ingressa no Conservatório de Música.

**1919**
Publica o primeiro livro, *Espectros*.

**1922**
Casa-se com o artista plástico português Fernando Correia Dias.

**1923**
Publica *Nunca mais...* e *Poema dos poemas*. Nasce sua filha Maria Elvira.

**1924**
Publica o livro didático *Criança meu amor*.... Nasce sua filha Maria Mathilde.

**1925**
Publica *Baladas para El-Rei*. Nasce sua filha Maria Fernanda.

**1927**
Aproxima-se do grupo modernista que se congrega em torno da revista *Festa*.

**1929**
Publica a tese *O espírito vitorioso*. Começa a escrever crônicas para *O Jornal*, do Rio de Janeiro.

**1930**
Publica o ensaio *Saudação à menina de Portugal*. Participa ativamente do movimento de reformas do ensino e dirige, no *Diário de Notícias*, página diária dedicada a assuntos de educação (até 1933).

**1934**
Publica o livro *Leituras infantis*, resultado de uma pesquisa pedagógica. Cria uma biblioteca (pioneira no país) especializada em literatura infantil, no antigo Pavilhão Mourisco,

na praia de Botafogo. Viaja a Portugal, onde faz conferências nas Universidades de Lisboa e Coimbra.

**1935**

Publica em Portugal os ensaios *Notícia da poesia brasileira* e *Batuque, samba e macumba*.

Morre Fernando Correia Dias.

**1936**

Trabalha no Departamento de Imprensa e Propaganda, onde dirige a revista *Travel in Brazil*. Nomeada professora de literatura luso-brasileira e mais tarde técnica e crítica literária da recém-criada Universidade do Distrito Federal, na qual permanece até 1938.

**1937**

Publica o livro infantojuvenil *A festa das letras*, em parceria com Josué de Castro.

**1938**

Publica o livro didático *Rute e Alberto resolveram ser turistas*. Conquista o prêmio Olavo Bilac de poesia da Academia Brasileira de Letras com o inédito *Viagem*.

**1939**

Em Lisboa, publica *Viagem*, quando adota o sobrenome literário Meireles, sem o *l* dobrado.

**1940**

Leciona Literatura e Cultura Brasileiras na Universidade do Texas, Estados Unidos. Profere no México conferências sobre literatura, folclore e educação.

Casa-se com o agrônomo Heitor Vinicius da Silveira Grillo.

**1941**

Começa a escrever crônicas para *A Manhã*, do Rio de Janeiro.

**1942**
Publica *Vaga música*.

**1944**
Publica a antologia *Poetas novos de Portugal*. Viaja para o Uruguai e a Argentina. Começa a escrever crônicas para a *Folha Carioca* e o *Correio Paulistano*.

**1945**
Publica *Mar absoluto e outros poemas* e, em Boston, o livro didático *Rute e Alberto*.

**1947**
Publica em Montevidéu *Antologia poética (1923-1945)*.

**1948**
Publica em Portugal *Evocação lírica de Lisboa*. Passa a colaborar com a Comissão Nacional do Folclore.

**1949**
Publica *Retrato natural* e a biografia *Rui: pequena história de uma grande vida*. Começa a escrever crônicas para a *Folha da Manhã*, de São Paulo.

**1951**
Publica *Amor em Leonoreta*, em edição fora de comércio, e o livro de ensaios *Problemas da literatura infantil*.
Secretaria o Primeiro Congresso Nacional de Folclore.

**1952**
Publica *Doze noturnos da Holanda & O Aeronauta* e o ensaio "Artes populares" no volume em coautoria *As artes plásticas no Brasil*. Recebe o Grau de Oficial da Ordem do Mérito, no Chile.

**1953**

Publica *Romanceiro da Inconfidência* e, em Haia, *Poèmes*. Começa a escrever para o suplemento literário do *Diário de Notícias*, do Rio de Janeiro, e para *O Estado de S. Paulo*.

**1953-1954**

Viaja para a Europa, Açores, Goa e Índia, onde recebe o título de Doutora *Honoris Causa* da Universidade de Delhi.

**1955**

Publica *Pequeno oratório de Santa Clara, Pistoia, cemitério militar brasileiro* e *Espelho cego*, em edições fora de comércio, e, em Portugal, o ensaio *Panorama folclórico dos Açores: especialmente da Ilha de S. Miguel*.

**1956**

Publica *Canções* e *Giroflê, giroflá*.

**1957**

Publica *Romance de Santa Cecília* e *A rosa*, em edições fora de comércio, e o ensaio *A Bíblia na poesia brasileira*. Viaja para Porto Rico.

**1958**

Publica *Obra poética* (poesia reunida). Viaja para Israel, Grécia e Itália.

**1959**

Publica *Eternidade de Israel*.

**1960**

Publica *Metal rosicler*.

**1961**

Publica *Poemas escritos na Índia* e, em Nova Delhi, *Tagore and Brazil*.

Começa a escrever crônicas para o programa *Quadrante*, da Rádio Ministério da Educação e Cultura.

**1962**

Publica a antologia *Poesia de Israel*.

**1963**

Publica *Solombra* e *Antologia poética*. Começa a escrever crônicas para o programa *Vozes da cidade*, da Rádio Roquette Pinto, e para a *Folha de S.Paulo*.

**1964**

Publica o livro infantojuvenil *Ou isto ou aquilo*, com ilustrações de Maria Bonomi, e o livro de crônicas *Escolha o seu sonho*.

Falece a 9 de novembro, no Rio de Janeiro.

**1965**

Conquista, postumamente, o Prêmio Machado de Assis da Academia Brasileira de Letras, pelo conjunto de sua obra.

# Bibliografia básica sobre Cecília Meireles

ANDRADE, Mário de. Cecília e a poesia. In: _____. *O empalhador de passarinho*. São Paulo: Martins, [1946].

_____. Viagem. In: _____. *O empalhador de passarinho*. São Paulo: Martins, [1946].

AZEVEDO FILHO, Leodegário A. de (Org.). Cecília Meireles. In: _____. (Org.). *Poetas do modernismo*: antologia crítica. Brasília: Instituto Nacional do Livro, 1972. v. 4.

_____. *Poesia e estilo de Cecília Meireles*: a pastora de nuvens. Rio de Janeiro: José Olympio, 1970.

_____. *Três poetas de Festa*: Tasso, Murillo e Cecília. Rio de Janeiro: Padrão, 1980.

BANDEIRA, Manuel. *Apresentação da poesia brasileira*. São Paulo: Cosac Naify, 2009.

BERABA, Ana Luiza. *América aracnídea*: teias culturais interamericanas. Rio de Janeiro: Civilização Brasileira, 2008.

BLOCH, Pedro. Cecília Meireles. *Entrevista*: vida, pensamento e obra de grandes vultos da cultura brasileira. Rio de Janeiro: Bloch, 1989.

BONAPACE, Adolphina Portella. *O Romanceiro da Inconfidência*: meditação sobre o destino do homem. Rio de Janeiro: Livraria São José, 1974.

BOSI, Alfredo. Em torno da poesia de Cecília Meireles. In: _____. *Céu, inferno*: ensaios de crítica literária e ideológica. São Paulo: Duas Cidades/Editora 34, 2003.

BRITO, Mário da Silva. Cecília Meireles. In: _____. *Poesia do Modernismo*. Rio de Janeiro: Civilização Brasileira, 1968.

CACCESE, Neusa Pinsard. *Festa:* contribuição para o estudo do Modernismo. São Paulo: Instituto de Estudos Brasileiros, 1971.

CANDIDO, Antonio; CASTELLO, José Aderaldo (Orgs.). Cecília Meireles. *Presença da literatura brasileira 3*: Modernismo. 2. ed. São Paulo: Difusão Europeia do Livro, 1967.

CARPEAUX, Otto Maria. Poesia intemporal. In: _____. *Ensaios reunidos*: 1942-1978. Rio de Janeiro: UniverCidade/Topbooks, 1999.

CASTELLO, José Aderaldo. O Grupo Festa. In: _____. *A literatura brasileira*: origens e unidade. São Paulo: EDUSP, 1999. v. 2.

CASTRO, Marcos de. Bandeira, Drummond, Cecília, os contemporâneos. In: _____. *Caminho para a leitura*. Rio de Janeiro: Record, 2005.

CAVALIERI, Ruth Villela. *Cecília Meireles*: o ser e o tempo na imagem refletida. Rio de Janeiro: Achiamé, 1984.

COELHO, Nelly Novaes. Cecília Meireles. In: _____. *Dicionário crítico da literatura infantil e juvenil brasileira*. São Paulo: Nacional, 2006.

_____. Cecília Meireles. In: _____. *Dicionário crítico de escritoras brasileiras*: 1711-2001. São Paulo: Escrituras, 2002.

_____. O "eterno instante" na poesia de Cecília Meireles. In: _____. *Tempo, solidão e morte*. São Paulo: Conselho Estadual de Cultura/Comissão e Literatura, 1964.

_____. O eterno instante na poesia de Cecília Meireles. In: _____. *A literatura feminina no Brasil contemporâneo*. São Paulo: Siciliano, 1993.

CORREIA, Roberto Alvim. Cecília Meireles. In: _____. *Anteu e a crítica*: ensaios literários. Rio de Janeiro: José Olympio, 1948.

DAMASCENO, Darcy. *Cecília Meireles*: o mundo contemplado. Rio de Janeiro: Orfeu, 1967.

_____. *De Gregório a Cecília*. Organização de Antonio Carlos Secchin e Iracilda Damasceno. Rio de Janeiro: Galo Branco, 2007.

DANTAS, José Maria de Souza. *A consciência poética de uma viagem sem fim*: a poética de Cecília Meireles. Rio de Janeiro: Eu & Você, 1984.

FAUSTINO, Mário. O livro por dentro. In: _____. *De Anchieta aos concretos*. Organização de Maria Eugênia Boaventura. São Paulo: Companhia das Letras, 2003.

FONTELES, Graça Roriz. *Cecília Meireles*: lirismo e religiosidade. São Paulo: Scortecci, 2010.

GARCIA, Othon M. Exercício de numerologia poética: paridade numérica e geometria do sonho em um poema de Cecília Meireles. In: _____. *Esfinge clara e outros enigmas:* ensaios estilísticos. 2. ed. Rio de Janeiro: Topbooks, 1996.

GENS, Rosa (Org.). *Cecília Meireles*: o desenho da vida. Rio de Janeiro: Setor Cultural/Núcleo Interdisciplinar de Estudos da Mulher na Literatura/UFRJ, 2002.

GOLDSTEIN, Norma Seltzer. *Roteiro de leitura: Romanceiro da Inconfidência* de Cecília Meireles. São Paulo: Ática, 1988.

GOUVÊA, Leila V. B. *Cecília em Portugal*: ensaio biográfico sobre a presença de Cecília Meireles na terra de Camões, Antero e Pessoa. São Paulo: Iluminuras, 2001.

_____ (Org.). *Ensaios sobre Cecília Meireles*. São Paulo: Humanitas/FAPESP, 2007.

_____. *Pensamento e "lirismo puro" na poesia de Cecília Meireles*. São Paulo: EDUSP, 2008.

GOUVEIA, Margarida Maia. *Cecília Meireles*: uma poética do "eterno instante". Lisboa: Imprensa Nacional/ Casa da Moeda, 2002.

_____. *Vitorino Nemésio e Cecília Meireles*: a ilha ancestral. Porto: Fundação Engenheiro António de Almeida; Ponta Delgada: Casa dos Açores do Norte, 2001.

HANSEN, João Adolfo. Solombra *ou A sombra que cai sobre o eu*. São Paulo: Hedra, 2005.

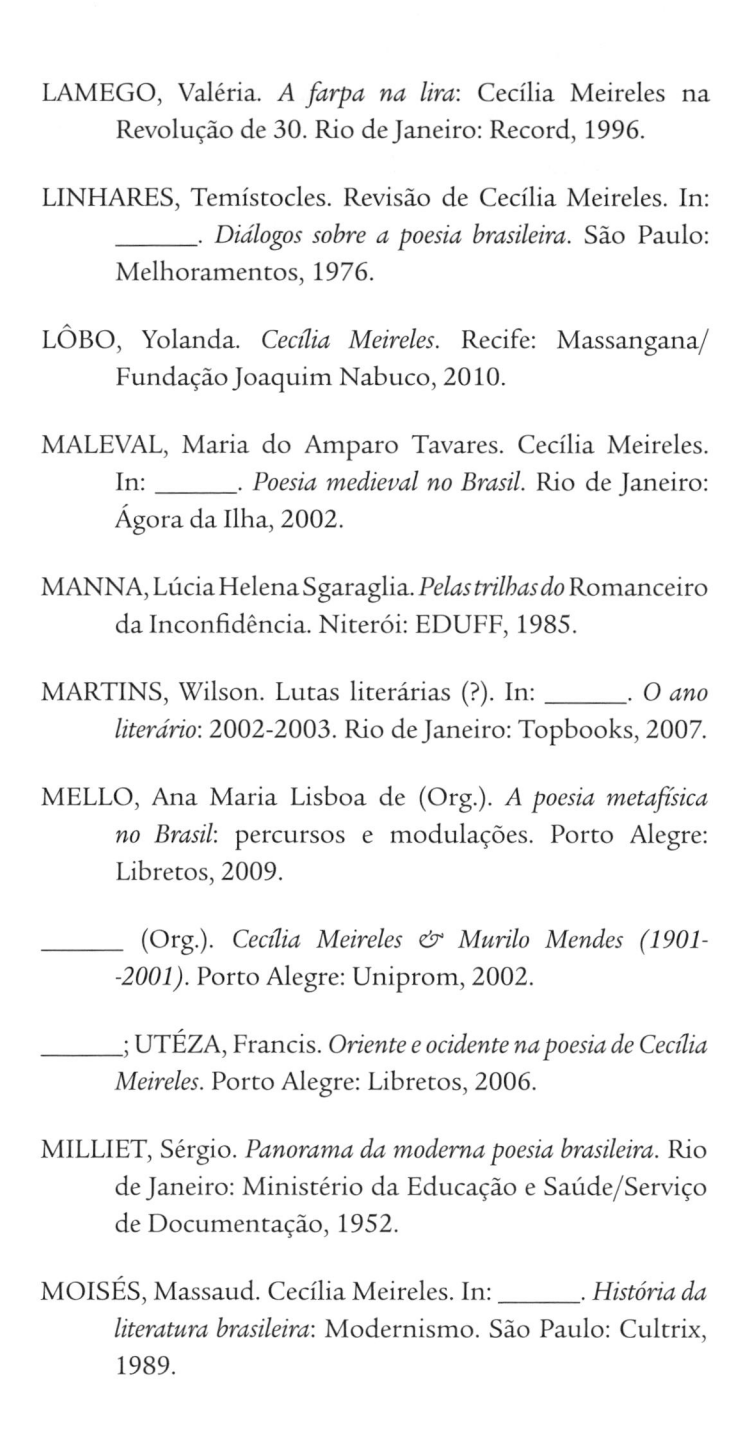

LAMEGO, Valéria. *A farpa na lira*: Cecília Meireles na Revolução de 30. Rio de Janeiro: Record, 1996.

LINHARES, Temístocles. Revisão de Cecília Meireles. In: _____. *Diálogos sobre a poesia brasileira*. São Paulo: Melhoramentos, 1976.

LÔBO, Yolanda. *Cecília Meireles*. Recife: Massangana/ Fundação Joaquim Nabuco, 2010.

MALEVAL, Maria do Amparo Tavares. Cecília Meireles. In: _____. *Poesia medieval no Brasil*. Rio de Janeiro: Ágora da Ilha, 2002.

MANNA, Lúcia Helena Sgaraglia. *Pelas trilhas do* Romanceiro da Inconfidência. Niterói: EDUFF, 1985.

MARTINS, Wilson. Lutas literárias (?). In: _____. *O ano literário*: 2002-2003. Rio de Janeiro: Topbooks, 2007.

MELLO, Ana Maria Lisboa de (Org.). *A poesia metafísica no Brasil*: percursos e modulações. Porto Alegre: Libretos, 2009.

_____ (Org.). *Cecília Meireles & Murilo Mendes (1901--2001)*. Porto Alegre: Uniprom, 2002.

_____; UTÉZA, Francis. *Oriente e ocidente na poesia de Cecília Meireles*. Porto Alegre: Libretos, 2006.

MILLIET, Sérgio. *Panorama da moderna poesia brasileira*. Rio de Janeiro: Ministério da Educação e Saúde/Serviço de Documentação, 1952.

MOISÉS, Massaud. Cecília Meireles. In: _____. *História da literatura brasileira*: Modernismo. São Paulo: Cultrix, 1989.

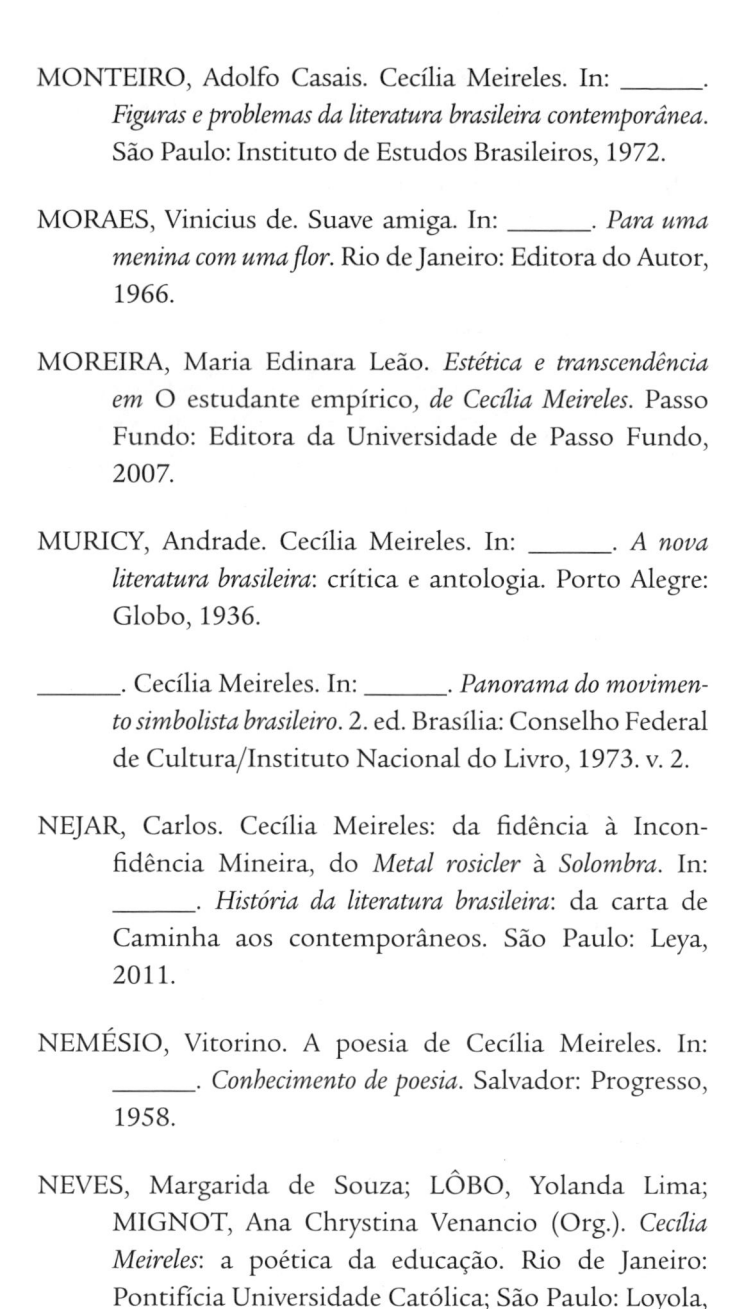

MONTEIRO, Adolfo Casais. Cecília Meireles. In: _____. *Figuras e problemas da literatura brasileira contemporânea*. São Paulo: Instituto de Estudos Brasileiros, 1972.

MORAES, Vinicius de. Suave amiga. In: _____. *Para uma menina com uma flor*. Rio de Janeiro: Editora do Autor, 1966.

MOREIRA, Maria Edinara Leão. *Estética e transcendência em O estudante empírico, de Cecília Meireles*. Passo Fundo: Editora da Universidade de Passo Fundo, 2007.

MURICY, Andrade. Cecília Meireles. In: _____. *A nova literatura brasileira*: crítica e antologia. Porto Alegre: Globo, 1936.

_____. Cecília Meireles. In: _____. *Panorama do movimento simbolista brasileiro*. 2. ed. Brasília: Conselho Federal de Cultura/Instituto Nacional do Livro, 1973. v. 2.

NEJAR, Carlos. Cecília Meireles: da fidência à Inconfidência Mineira, do *Metal rosicler* à *Solombra*. In: _____. *História da literatura brasileira*: da carta de Caminha aos contemporâneos. São Paulo: Leya, 2011.

NEMÉSIO, Vitorino. A poesia de Cecília Meireles. In: _____. *Conhecimento de poesia*. Salvador: Progresso, 1958.

NEVES, Margarida de Souza; LÔBO, Yolanda Lima; MIGNOT, Ana Chrystina Venancio (Org.). *Cecília Meireles*: a poética da educação. Rio de Janeiro: Pontifícia Universidade Católica; São Paulo: Loyola, 2001.

OLIVEIRA, Ana Maria Domingues de. *Estudo crítico da bibliografia sobre Cecília Meireles*. São Paulo: Humanitas/ USP, 2001.

PAES, José Paulo. Poesia nas alturas. In: _____. *Os perigos da poesia e outros ensaios*. Rio de Janeiro: Topbooks, 1997.

PARAENSE, Sílvia. *Cecília Meireles:* mito e poesia. Santa Maria: UFSM, 1999.

PEREZ, Renard. Cecília Meireles. In: _____. *Escritores brasileiros contemporâneos – 2ª série*: 22 biografias, seguidas de antologia. 2. ed. revista e atualizada. Rio de Janeiro: Civilização Brasileira, 1971.

PICCHIO, Luciana Stegagno. A poesia atemporal de Cecília Meireles, "pastora das nuvens". In: _____. *História da literatura brasileira*. Rio de Janeiro: Nova Aguilar, 1997.

PÓLVORA, Hélio. Caminhos da poesia: Cecília. In: _____. *Graciliano, Machado, Drummond & outros*. Rio de Janeiro: Francisco Alves, 1975.

RAMOS, Péricles Eugênio da Silva. *Solombra*. In: _____. *Do Barroco ao Modernismo*: estudos de poesia brasileira. 2. ed. revista e aumentada. Rio de Janeiro: Livros Técnicos e Científicos, 1979.

RICARDO, Cassiano. *A Academia e a poesia moderna*. São Paulo: Revista dos Tribunais, 1939.

RÓNAI, Paulo. O conceito de beleza em *Mar absoluto*. In: _____. *Encontros com o Brasil*. 2. ed. Rio de Janeiro: Batel, 2009.

_____. Uma impressão sobre a poesia de Cecília Meireles. In: _____. *Encontros com o Brasil.* 2. ed. Rio de Janeiro: Batel, 2009.

SADLIER, Darlene J. *Cecília Meireles & João Alphonsus.* Brasília: André Quicé, 1984.

_____. *Imagery and Theme in the Poetry of Cecília Meireles*: a study of *Mar absoluto.* Madrid: José Porrúa Turanzas, 1983.

SECCHIN, Antonio Carlos. Cecília: a incessante canção. In: _____. *Escritos sobre poesia & alguma ficção.* Rio de Janeiro: EdUERJ, 2003.

_____. Cecília Meireles e os *Poemas escritos na Índia.* In: _____. *Memórias de um leitor de poesia & outros ensaios.* Rio de Janeiro: Topbooks/Academia Brasileira de Letras, 2010.

_____. O enigma Cecília Meireles. In: _____. *Memórias de um leitor de poesia & outros ensaios.* Rio de Janeiro: Topbooks/Academia Brasileira de Letras, 2010.

SIMÕES, João Gaspar. Cecília Meireles: *Metal rosicler.* In: _____. *Crítica II:* poetas contemporâneos (1946--1961). Lisboa: Delfos, s/d.

VERISSIMO, Erico. Entre Deus e os oprimidos. In: _____. *Breve história da literatura brasileira.* São Paulo: Globo, 1995.

VILLAÇA, Antonio Carlos. Cecília Meireles: a eternidade entre os dedos. In: _____. *Tema e voltas.* Rio de Janeiro: Hachette, 1975.

YUNES, Eliana; BINGEMER, Maria Clara L. (Org.). *Murilo, Cecília e Drummond*: 100 anos com Deus na poesia brasileira. Rio de Janeiro: Pontifícia Universidade Católica; São Paulo: Loyola, 2004.

ZAGURY, Eliane. *Cecília Meireles*. Petrópolis: Vozes, 1973.

# Índice de primeiros versos

[A bailarina era tão grande] ..................75
[À beira d'água moro,] ..................33
[Ai, senhor, os cavalos são outros,] ..................31
[Ao longe, amantes infelizes] ..................117
[Apenas uma sandália] ..................101
[Asas tênues do éter] ..................55
[Assim n'água entraste] ..................85
[Cada palavra uma folha] ..................99
[Cai a voz do Arcanjo.] ..................111
[Chovem duas chuvas:] ..................63
[Chuva fina,] ..................39
[Cinza pisamos, cinza.] ..................113
[Com sua agulha sonora] ..................67
[Como os senhores já morreram] ..................79
[Eis o pastor pequenino,] ..................97
[Em colcha florida] ..................37
[Em seda tão delida,] ..................109
[Embora chames burguesa,] ..................87
[Espera-se o anestesiado] ..................51
[Esperávamos pelo menino] ..................115
[Estudo a morte, agora,] ..................27
[Falou-me o afinador de pianos, esse] ..................35
[Ficava o cavalo branco] ..................103
[Houve um poema,] ..................105
[Levam-se estes sonhos por estranhas landas,] ..................43
[Mais louvareis a rosa, se prestardes] ..................69
[Mirávamos a jovem lagartixa transparente,] ..................95
[Na almofada de borlas,] ..................83
[Não fiz o que mais queria.] ..................25
[Não perguntavam por mim,] ..................19

[Não sobre peito ou companhia humana:] ......... 93
[Não temos bens, não temos terra] ......... 89
[Nas quatro esquinas estava a morte,] ......... 71
[*Negra pedra, copiosa mina*] ......... 121
[No alto da montanha já quase chuvosa] ......... 77
[O gosto da vida equórea] ......... 23
[Oh, quanto me pesa] ......... 45
[Os anjos vêm abrir os portões da alta noite,] ......... 91
[Parecia bela:] ......... 29
[Parecia que ia morrendo] ......... 81
[Pelos vales de teus olhos] ......... 47
[Pois o enfermo é triste e doce] ......... 53
[Quem me quiser maltratar,] ......... 41
[Se um pássaro cantar dentro da noite] ......... 107
[Sob os verdes trevos que a tarde] ......... 73
[Sono sobre a chuva] ......... 49
[Trazei-me pinhos e trigos] ......... 119
[Tristes] ......... 57
[Um pranto existe, delicado,] ......... 61
[Uma pessoa adormece:] ......... 65
[Uns passeiam descansados] ......... 21
[Vão-se acabar os cavalos!] ......... 59

**GRÁFICA PAYM**
Tel. (11) 4392-3344
paym@terra.com.br